AF248152

UN ÉPISODE

DE

La Persécution

EN COCHINCHINE

Martyre de vingt-sept Chrétiens

LYON

IMPRIMERIE DE PITRAT AINÉ

4, RUE GENTIL, 4

—

1882

UN ÉPISODE

DE

La Persécution

EN COCHINCHINE

Martyre de vingt-sept Chrétiens

COCHINCHINE. — Village de Ba-Giong

UN ÉPISODE

DE

La Persécution

EN COCHINCHINE

Martyre de vingt-sept Chrétiens

LYON

IMPRIMERIE DE PITRAT AINÉ

4, RUE GENTIL, 4

—

1882

AVANT-PROPOS

Publiées d'abord dans les Missions Catholiques, *ces quelques pages ont produit une impression profonde. On croyait entendre comme un écho de ces actes des martyrs qui autrefois, au foyer domestique, formaient et développaient l'intelligence des enfants. C'est, en effet, la même majesté, simple et sublime à la fois, le même parfum de l'antiquité chrétienne dans ce qu'elle eut de plus digne et de plus auguste. L'auteur, un ancien missionnaire, parle sans étonnement de ces vieillards, de ces femmes, de tout ce peuple qui souffre et meurt pour Jésus-Christ, parce que lui-même vit toujours dans une atmosphère de sacrifice et de foi dans la sainte ambition du martyre.*

Le pays qui fut le théâtre du combat et du triomphe des glorieux confesseurs de la foi est aujourd'hui terre française. La persécution violente n'y est donc plus à craindre, mais il est une persécution bien autrement redoutable, qui s'attaque aux intelligences et aux cœurs, et sous ce rapport notre jeune colonie annamite n'a rien à envier à la métropole. Espérons que les fils et les frères des martyrs ne seront pas moins généreux que ceux-ci pour défendre et sauvegarder leur foi au milieu des séductions et des tristesses de l'heure présente.

En publiant à part ces pages héroïques, nous avons voulu offrir à la piété une lecture fortifiante, et montrer aux bienfaiteurs de l'Œuvre de la Propagation de la Foi à quels mérites, à quel dévouement leur aumône les associe.

T. M.

La Persécution

EN COCHINCHINE

Martyre de vingt-sept Chrétiens[1]

I

LA PERSÉCUTION

Au nord-est de Saïgon, dans la province de Mytho, s'étend une vaste plaine marécageuse que l'inondation, à l'époque des grandes pluies, transforme en un immense lac. A l'entrée de cette plaine et, comme pour se construire à elles-mêmes une barrière infranchissable, les eaux envahissantes ont déposé les sables qu'elles charriaient. Avec le temps, des dunes se sont élevées. Sur trois des mamelons qu'elles ont improvisés, au milieu d'une forêt de bam-

---

[1] En employant les titres de martyrs, de confesseurs de la foi, l'auteur n'entend pas préjuger le jugement du Saint-Siège, auquel il est et demeurera toujours soumis.

bous qui forment à leur sommet une couronne de verdure, se trouve le petit hameau de Ba-Giong.

Rien de remarquable ne le distingue : des cases annamites, couvertes de chaume et plus ou moins grandes, suivant le plus ou moins d'aisance de ceux qui les habitent; au centre, un édifice plus considérable, dont la toiture en tuiles est surmontée d'une croix; voilà tout. Ce hameau, qu'aucun touriste ne visite, que le géographe ignore, mais dont le nom doit être glorifié, saluons-le, c'est une terre sanctifiée par le sang des martyrs.

Ba-Giong dépend du village de Tang-ly-dong et touche au marché de Cu-chi. Ses habitants ne connaissent ni la fortune ni l'indigence; ils vivent presque tous du travail de leurs mains. Mais il est un trésor qu'ils possèdent et qu'ils préfèrent à toutes les richesses, c'est celui de la foi.

A quelle époque a été fondée cette chrétienté, quelle en est l'origine, quelle en est l'histoire? Nul ne le sait. Selon toute probabilité, la conversion de ses habitants date d'une époque déjà éloignée de la nôtre. Les vieillards montrent à leurs petits enfants les tombeaux où reposent les trois générations qui les ont précédés et qui toutes trois furent chrétiennes.

Loin des grands centres, à la limite des marécages, la chrétienté de Ba-Giong semble avoir toujours joui d'une tranquillité exceptionnelle. Cependant la persécution éclata, et pendant plus de trois ans, elle inonda de sang et couvrit de ruines tout le royaume d'Annam. Mais ce fut surtout lorsque l'expédition franco-espagnole vint lui demander compte de la mort des missionnaires et venger l'humanité outragée dans la personne de plusieurs milliers de chrétiens, que le tyran annamite ne mit plus de bornes à sa fureur, et que le massacre devint général. Par ordre de Tu-duc, partout on dressa des listes de proscription : mandarins de tous grades, chefs de cantons, maires de villages, tous rivalisèrent de zèle pour anéantir le christianisme; prêtres, catéchistes, fidèles de tout sexe, de tout rang et de tout âge, personne n'échappa à la rage des persécuteurs. Bientôt les prisons regorgèrent de victimes. Nombre de néophytes périrent au milieu des supplices ou allèrent traîner une vie malheureuse dans tous les lieux d'exil. Ceux qui, par une prompte fuite, réussirent à se dérober au fer du bourreau, ne furent pas les moins à plaindre. Réfugiés sur les montagnes, cachés dans les forêts, exposés sans cesse à devenir la proie des tigres; sans ressources, sans asile, consumés par la fièvre, la misère et les privations, beaucoup trouvèrent la mort.

Mais nulle part peut-être la persécution ne fut plus cruelle que dans la basse Cochinchine, surtout après la prise de Saïgon par les Français. Afin de se venger de l'échec de leurs armes, les mandarins n'eurent plus aucun ménagement pour les chrétiens. Personne ne fut épargné : les vieillards, les femmes, jusqu'aux petits enfants, tous ceux qui tombèrent au pouvoir des satellites furent impitoyablement égorgés. Pour en finir plus vite, en certains lieux, on liait étroitement les membres d'une même famille et on les jetait dans les fleuves. Ailleurs, on ouvrait de grandes fosses dans lesquelles bon nombre de victimes étaient enterrées vivantes. En plusieurs localités, on entassait les chrétiens dans les églises, on les réunissait sur les marchés, on accumulait autour d'eux les débris de leurs maisons, on y mettait le feu, et les satellites perçaient de leurs lances ceux qui tentaient de fuir.

La province de Mytho eut cependant moins à souffrir. Les mandarins échappaient plus facilement à la surveillance de leur gouvernement ; d'ailleurs ils se croyaient à l'abri des armes françaises et ils n'avaient jamais eu qu'à se louer des chrétiens. Aussi généralement usèrent-ils de modération et épargnèrent-ils les néophytes. Ils se contentaient de mettre de temps en temps en prison les chefs des chrétientés voisines, lesquels se livraient à la simple réquisition d'un officier subalterne. Ordinairement les prisonniers en étaient quittes pour payer une amende et recevoir quelques coups de rotin. C'est ainsi que les notables de Ba-Giong, au nombre de seize, souffrirent pour la foi à trois reprises différentes.

Parmi ces vaillants confesseurs, deux surtout méritent d'être signalés. Ils s'appelaient Thaddée Nam et Ignace Thinh. Chaque fois que les seize chefs et les principaux chrétiens, au nombre d'une centaine, furent mandés au prétoire, eux seuls subirent la question au nom de tous. D'ailleurs, Thaddée Nam était déjà familiarisé avec la souffrance ; jeune encore, à l'exemple de quelques autres néophytes courageux, il avait suivi Mgr Lefebvre à la capitale et s'était dévoué à le servir au péril de sa vie ; dans ce ministère de charité, plusieurs fois il avait, au milieu des tortures, confessé le nom de Jésus-Christ.

Mais si les mandarins de Mytho montraient de la clémence envers les simples fidèles, ils n'osaient pas, toutefois, user de la même modération à l'égard des prêtres et des catéchistes. La chrétienté de Ba-Giong était alors administrée par le P. Luu, prêtre indigène, qui, par son zèle, son dévouement, sa vertu, s'était acquis l'estime et l'affection de ses ouailles. Un jour qu'il était allé visiter dans leur prison les chefs de ce village, au moment où il sortait de la citadelle, il fut surpris par des satellites lisant un petit billet qu'on venait de lui remettre. Ayant remarqué des caractères européens, les prétoriens lui demandèrent s'il était prêtre et, sur sa réponse affirmative, ils l'arrêtèrent et le conduisirent au grand mandarin. Après avoir généreusement confessé la foi, le P. Luu fut décapité sur le bord de la route royale, à un kilomètre de Mytho. Aujourd'hui son corps repose à l'église de cette ville, au pied du maître-autel.

II

LA FUITE

Le P. Luu était mort le 18 mars 1861. Un mois après, les Français arrivèrent au pied de la citadelle de Mytho et se disposèrent à en faire le siège. Les mandarins, incapables de soutenir la lutte, ne tardèrent pas à battre en retraite; mais, avant de quitter la ville, ils firent mettre le feu aux prisons. Un grand nombre de chrétiens y étaient renfermés, et parmi eux se trouvait une centaine d'habitants de Ba-Giong. Ils allaient périr au milieu des flammes quand les Français apparurent à temps heureusement, pour briser leurs chaînes et leurs cangues et les sauver. Délivrés d'une manière providentielle, les confesseurs de la foi rentrèrent dans leur village, bénissant Dieu et remplis de reconnaissance envers leurs libérateurs. Ils annoncèrent partout que le drapeau français flottait sur la citadelle et que les mandarins avaient quitté la ville pour n'y plus revenir.

Le retour des chrétiens, les nouvelles qu'ils apportaient causèrent une joie universelle. On saluait avec enthousiasme l'aurore de cette ère de liberté et de paix que, depuis longtemps, ces pauvres opprimés appelaient de leurs vœux. Un prêtre, le P. Tho, qui se tenait caché dans le voisinage, vint partager le bonheur des fidèles de Ba-Giong, célébrer la délivrance des prisonniers et le triomphe de leur pasteur. Pour mieux témoigner leur reconnaissance envers Dieu, tous prirent part aux exercices de la mission que leur donna le Père, et remplirent leurs devoirs religieux. Ils ne se doutaient guère alors que, pour plusieurs, ce devait être le viatique du dernier combat, la préparation prochaine au martyre.

Bien que les Français fussent maîtres de la ville, les mandarins et leurs troupes continuaient d'occuper la campagne et d'y promener la désolation et la mort. Ils ne songeaient qu'à se venger de leurs défaites sur la personne des chrétiens qu'ils savaient incapables de se défendre et de leur résister. Dans un grand conseil tenu pendant la nuit, non loin de Ba-Giong, les mandarins décidèrent la ruine de cette chrétienté et l'extermination de ses habitants.

Le complot devait être mis à exécution la nuit suivante et, pour en assurer le succès, toutes les précautions étaient prises ; on devait observer le plus grand secret. Ce secret, toutefois, ne put être si bien gardé qu'il n'en transpirât quelque chose au dehors. Instruit de ce qui se tramait, un bon païen, sergent dans l'armée territoriale, qui, en toute occasion, avait témoigné beaucoup de bienveillance aux chrétiens, vint en cachette donner avis aux chefs de Ba-Giong de ce qui se passait et du sort qui leur était réservé.

« — Hâtez-vous de partir, leur dit-il, car cette nuit on doit entourer la chrétienté et, au point du jour, mettre tout à feu et à sang. Moi-même, je suis compromis avec toute ma famille et je dois fuir avec vous. Ma barque est déjà prête et, ce soir, après le coucher du soleil, je tenterai de m'échapper. »

En effet, il prit avec lui deux familles chrétiennes qui lui étaient alliées et réussit à tromper la vigilance des satellites. Dieu a récompensé la charité de cet honnête païen, en ouvrant ses yeux à la lumière de l'Évangile. Lui et toute sa famille ont embrassé notre sainte religion, et ses fils sont encore aujourd'hui les meilleurs chrétiens de la localité.

Cependant, à la nouvelle du danger qui les menace, les chrétiens sont frappés de stupeur. Comment, en effet, exprimer leur surprise et leur douleur ! Hier encore, ils étaient tout à la joie de la délivrance; ils avaient entrevu la fin de leurs épreuves et le triomphe de leur foi, et demain ils seront exterminés ! Si, du moins, ils pouvaient éviter le péril par une prompte fuite ! Mais où aller ? comment s'échapper ? Autour de Ba-Giong, sur la terre ferme, ce ne sont que villages païens; ils ne peuvent espérer y trouver un asile. D'ailleurs, déjà les soldats en ferment les issues et empêchent toute communication avec le dehors.

Quelques-uns, toutefois, tentent de se frayer un passage de ce côté. Se glissant le long des haies de bambou, le plus grand nombre réussit, à la faveur des ténèbres de la nuit, à tromper la vigilance des gardes. Deux, cependant, tombèrent au pouvoir des satellites : le premier était un vieillard ; pris à quelques pas de la chrétienté, il fut décapité séance tenante et son corps devint la proie des chiens. Quelques ossements, un reste de crâne, voilà tout ce que son fils put recueillir. L'autre était déjà loin et pouvait se croire à l'abri des persécuteurs, lorsqu'il fut rejoint par quelques soldats, amené à Kien-an-phu et massacré près de la route royale.

La plaine, il est vrai, était libre; les mandarins n'avaient pas même songé à en garder les abords. Mais elle était inondée. De ce côté la fuite ne paraissait pas moins impossible. Si, du moins, ils avaient eu des barques pour transporter les enfants, les vieillards et les infirmes ! Mais, agriculteurs pour la plupart, ils n'avaient pas cette ressource. Ils tremblaient à la seule pensée de traverser avec leurs femmes et leurs enfants, cette plaine inondée ! les eaux d'ailleurs avaient au moins deux ou trois pieds de profondeur et la rive la plus rapprochée était à cinq ou six lieues de distance. Ils craignaient, non sans raison, d'être emportés ou submergés par les nombreux cours d'eau qui la sillonnent en tous sens.

Là, cependant, était leur unique espoir. Peut-être, se dirent-ils, les éléments nous seront moins contraires que les hommes. Dieu est avec nous ! Dieu, qui jadis entr'ouvrit les profondeurs de la mer Rouge pour livrer passage à son peuple et le tirer des mains de Pharaon, Dieu ne nous abandonnera pas dans notre détresse, il nous donnera le moyen d'échapper à la fureur des ennemis de son saint nom !

Si dangereux qu'il parût, on s'arrêta donc au parti de prendre la fuite à travers la plaine *des joncs*. Les chefs de la chrétienté parcoururent le village et fixèrent le rendez-vous général à l'oratoire pour la fin de la première veille de la nuit (vers huit heures du soir). En attendant, tout le monde se mit en prière. L'église était continuellement remplie. Dans les maisons régnait un silence de mort qu'interrompaient de temps en temps les sanglots des femmes, les cris des enfants, les derniers adieux des parents et des amis.

Enfin la nuit vint couvrir de son ombre le village et la plaine inondée. A l'heure marquée et dans le plus grand silence, tous se rendirent à l'église. Combien touchante fut cette réunion au pied de l'autel ! Combien fervente fut cette prière au moment du péril ! Combien fut solennel et déchirant cet adieu à l'humble chapelle où tous étaient nés à la foi, où si souvent ils s'étaient agenouillés ! Après qu'ils ont imploré le secours de Dieu et qu'ils se sont recommandés à Marie, à leurs Anges gardiens et à leurs saints Patrons, le premier chef monte à l'autel, prend le crucifix, bénit l'assistance et, d'une voix tremblante d'émotion, il leur dit : « La paix soit avec vous. » Tous alors se retirent et se disposent à partir.

La nuit est obscure; le silence règne partout ; seul, de temps à autre, dans les villages voisins, le tambour annonce les veilles ; suivant toute apparence, les païens ne se doutent pas de ce qui se passe à Ba-Giong. Mais il n'y a pas de temps à perdre, les moments sont précieux. Bientôt la lune se lévera et rendra la fuite dangereuse en l'éclairant. Une fois dans la plaine, plus rien pour dissimuler leur retraite, pas un arbre, pas un pli de terrain; la distance seule pourra cacher ce millier de victimes à leurs bourreaux.

En passant près du cimetière où dans la paix reposent leurs pères, chacun court s'agenouiller un instant sur les tombes qui lui sont chères, réciter une prière, dire un dernier adieu. Et puis tous se mettent à l'eau, ils traversent sans difficulté, en s'aidant les uns les autres, la petite rivière qui coule au pied du village et s'engagent dans la vaste plaine où ils trouveront le salut ou la mort.

Je n'essaierai pas de décrire cette scène émouvante de la fuite de toute une population, dans les ténèbres de la nuit, au milieu du plus profond silence. Mais il est aisé de s'imaginer les mille péripéties de ce drame : la foule composée d'hommes, de femmes, d'enfants, de vieillards marchant péniblement et sans ordre, ayant de l'eau jusqu'à la ceinture, enfonçant dans la vase, luttant parfois contre le courant. Le fils soutient son vieux père, le mari aide sa femme, les mères portent leurs petits enfants sur leurs épaules.

Qui ne serait touché à ce spectacle! Pauvres gens! ils pourraient, au prix de l'apostasie, revenir sur leurs pas, se présenter à leurs persécuteurs, obtenir leur grâce et vivre en paix dans leurs foyers! Mais ils préfèrent la foi à la vie, et l'espérance, la divine espérance, guide leurs pas dans le rude chemin de l'exil et de la mort!

Ils sont déjà loin du rivage et c'est à peine si, à la lueur

COCHINCHINE. — Fuite des chrétiens de Bu-Gio...

vacillante des étoiles, ils distinguent la couronne de bambous, qui entoure et protège leurs cases abandonnées. Les ténèbres, il est vrai, rendent leur marche plus pénible et plus dangereuse ; mais, du moins, elles cachent leur fuite aux yeux de leurs persécuteurs. Cependant, à l'horizon, trop tôt, hélas ! la lune paraît et inonde la plaine *des joncs* de sa blafarde lumière. Les sentinelles, postées autour de la chrétienté, ne tardent pas à s'apercevoir que les maisons de Ba-Giong sont désertes ; dans le lointain, au milieu des eaux, elles voient la multitude qui, trompant leur vigilance, s'efforce par une prompte fuite d'échapper à son malheureux sort. Au cri : *les chrétiens sont partis*, le tam-tam retentit et met tout le monde en alerte. Une troupe nombreuse d'hommes armés se joint aux satellites et se met à la poursuite des fuyards ; d'autres, montés sur une trentaine de barques, se disposent à leur couper la retraite.

A la vue du péril qui les menace, les chrétiens poussent un cri de terreur, ils lèvent les yeux au ciel : *O chua-toi ! O chua-toi !* (Mon Dieu ! mon Dieu !) On hâte le pas, on précipite la marche ; mais, retardés par mille obstacles, les fugitifs ne peuvent lutter de vitesse avec leurs persécuteurs. Encore un peu et ceux-ci vont les atteindre ! Le désespoir alors succède à la douleur, le désordre est à son comble. C'est un sauve-qui-peut général, chacun ne songe plus qu'à son propre salut ; dans la panique, on abandonne les infirmes... Les plus vigoureux, que plus rien ne retarde dans leur course, parviennent à échapper à ceux qui les poursuivent et à gagner la terre la plus voisine. Les vieillards, les femmes, les enfants et vingt-cinq hommes qui n'avaient pas voulu les abandonner, tombent entre les mains des satellites. Ramenés par ceux-ci au marché de Cu-chi, ils sont entassés sur la place au milieu d'un triple rang de soldats armés de sabres et de lances.

III

LE MARTYRE

Combien longues parurent aux prisonniers pour le Christ les heures de la nuit ! Épuisés de lassitude, brisés par les émotions, ils étaient étendus pêle-mêle sur la terre nue. Autour d'eux, leurs gardes, que la colère et la haine rendaient impitoyables, ne leur épargnaient ni les coups ni les injures. Aux vociférations des bourreaux les victimes mêlaient leurs cris et leurs sanglots. Ici, c'était une mère qui cherchait son enfant ; là, un enfant qui réclamait sa mère ! La lune éclairait cette scène de désolation.

Cependant, quand le premier moment de stupeur est passé, la foi prend le dessus. La perspective d'une mort, désormais inévitable, cesse alors d'effrayer ces fervents chrétiens. Ils ne songent plus qu'à s'y préparer. Aux gé-missements succède la prière, cette prière de l'âme qui va paraître devant Dieu ! Tous s'encouragent à souffrir pour Jésus-Christ, à combattre le bon combat, à remporter la victoire. Ainsi, dans tous les temps, les soldats du Christ se disposent au martyre.

Enfin le jour parut. De bon matin, le bruit du tam-tam annonça l'arrivée des mandarins. Ils prirent aussitôt place au tribunal et commencèrent l'interrogatoire.

La scène, comme il a été dit plus haut, se passe sur la place du marché de Cu-chi. Cette place forme un rectangle de trois cents mètres de long sur cinquante à soixante de large, elle est bordée de deux rangées de maisons couvertes de chaume et parfaitement alignées. A l'une des extrémités, on remarque une construction plus spacieuse : c'est le théâtre de la localité. L'autre extrémité est fermée par un édifice carré, sorte de hangar ouvert de trois côtés, dont la lourde toiture repose sur des colonnes. Au milieu, entre quatre autres colonnes de moindre dimension, s'élève une estrade recouverte de nattes ; une peinture grossière, quelques inscriptions en sont les seuls ornements. C'est là que se traitent les intérêts de la commune, que les notables délibèrent, que les mandarins de passage convoquent leurs administrés et rendent la justice.

Le grand mandarin militaire et ses deux assesseurs sont assis sur l'estrade. De chaque côté des juges, quatre soldats se tiennent debout, l'épée nue. Devant, en dehors de la maison commune, les bourreaux sont là, au nombre de dix, tous armés de grands sabres et prêts à exécuter la sentence. A terre, au milieu des liens, des rotins et des autres instruments de supplice, on voit un crucifix et une image de la sainte Vierge. Les femmes et les enfants sont rangés en cercle sur la place ; au milieu de cette enceinte, on a placé tous les hommes, au nombre de vingt-cinq. Ce sont des vieillards pour la plupart. On y remarque cependant un adolescent de seize ans. Autour du cercle, trois rangées de satellites, la lance à la main. Derrière les satellites, une foule de païens accourus de toutes parts pour jouir du spectacle.

La procédure fut sommaire, les accusés étaient chrétiens, leur crime était notoire, et, circonstance aggravante, ils avaient essayé d'échapper à la mort par la fuite ; ils devaient donc périr. Cependant le grand mandarin voulait bien encore avoir compassion d'eux et leur accorder le pardon et la vie ; mais, pour cela, il leur fallait renier leur foi et fouler la croix aux pieds. En leur tenant ce langage, le mandarin montrait aux vingt-cinq confesseurs l'image du crucifix, étendue à terre.

Le moment est solennel. Quel parti vont prendre ces hommes ? Rachèteront-ils leur vie au prix d'une honteuse apostasie, ou bien préféreront-ils mourir pour vivre éternellement ? Tous les assistants de ce drame étaient dans une cruelle anxiété, attendant la réponse qui devait décider du sort de leurs semblables. Mandarins, soldats et païens espéraient qu'en face de la mort toute résistance cesserait. Les chrétiens, levant les yeux au ciel, demandaient à Dieu la grâce qui fait les martyrs. Enfin les athlètes du Christ d'une seule voix s'écrient : « *Fouler la croix, le signe de notre salut ! Jamais ! Nous aimons mieux mourir !* »

A cette réponse, le mandarin entre en fureur ; il donne l'ordre aux bourreaux de mettre à mort les généreux confesseurs. En entendant la sentence, les femmes et les enfants poussent un cri d'épouvante que couvre aussitôt le bruit du tam-tam et du tambour. Quelques instants après, vingt-cinq têtes roulaient au pied du tribunal, un flot de sang jaillissait et venait baigner les pieds des épouses, des filles et des sœurs des martyrs.

Après cette première exécution, s'adressant à ces chrétiennes dont il espère ébranler la constance, le grand mandarin leur montre les cadavres encore tout palpitants, le sang qui coule :

— « Vous foulerez la croix, leur crie-t-il, ou vous subirez le même sort. »

— « Nous mourrons comme eux et nous irons les rejoindre au ciel, » répondent six cents voix.

Le mandarin frémit de rage ; de nouveau il va prononcer un arrêt de mort. L'émotion gagne la foule qui assiste à ce spectacle : « Grâce ! grâce ! » crie-t-on de tous côtés. En plusieurs endroits, le peuple rompt les rangs des soldats qui entourent les prisonniers. Un roulement de tambour met fin au tumulte et rétablit le silence.

« L'apostasie ou la mort, tas de chiens ! » hurle le mandarin.

— « La mort ! » répondent les confesseurs. « La mort ! » répètent les petits enfants avec l'inconscience de leur âge, mais à l'exemple de leurs mères.

Quatre femmes, cependant, bientôt suivies d'une jeune fille de dix-huit ans [1], s'avancent tremblantes, la tête basse, les pieds dans le sang de leurs frères qui viennent de

---

[1] Je tiens les détails de ce récit de la bouche même de cette jeune fille,

COCHINCHINE. — Martyre des chrétiens de Ba-Giong.

mourir. Un instant, elles regardent le crucifix et l'image de Marie; puis, elles s'arrêtent... elles reculent... s'avancent de nouveau... reculent encore... regardent la croix... paraissent hésitantes. Que vont-elles faire?... Eh quoi! trahiraient-elles leur foi et achèteraient-elles la vie et la liberté au prix d'une lâcheté, de l'apostasie? Tout le monde est inquiet, regarde, écoute :

— « Voulez-vous donc mourir? » leur dit le mandarin. Puis, adoucissant sa voix : « Je ne vous demande cependant que bien peu de chose, il vous suffit de passer sur ce morceau de bois. (Il leur montre la croix.) En retour, vous aurez la vie, vos biens, vos maisons, la liberté, la paix. »

Une des femmes saute de l'autre côté de la croix! les autres aussitôt l'imitent! mais là, elles demeurent confuses, elles ne savent où aller cacher leur honte. Déjà leurs compagnes sont tombées à genoux; partout, de toutes les bouches, on n'entend que ce cri : « Mon Dieu, pardonnez-leur! »

« Ma fille, qu'as-tu fait? » crie une vieille femme, en même temps qu'elle perce la foule et marche droit à la jeune fille. Celle-ci tombe à genoux dans une mare de sang. Les soldats s'approchent, ils veulent intervenir. La jeune fille les repousse, elle prend la croix, l'embrasse, embrasse l'image de Marie. Puis, se relevant, elle dit à ses quatre compagnes d'apostasie : « Vous m'avez entraînée dans le crime, suivez-moi dans le repentir. » Prenant de nouveau la croix, elle la trempe dans le sang des martyrs et la leur présente. Les chrétiens se prosternent à cette vue et adorent. Les quatre malheureuses fondent en larmes, demandent grâce, implorent leur pardon, poussent des sanglots. Puis, s'offrant aux mandarins et aux bourreaux : « Nous avons péché, s'écrient-elles, nous devons mourir les premières; frappez donc, nous attendons. » Elles s'agenouillent aussitôt près des cadavres de leurs parents et tendent le cou au sabre des exécuteurs : « Nous aussi, répètent les chrétiens, nous mourrons tous pour Dieu, nous irons retrouver nos martyrs. » Et ce disant, tous attendent la mort.

A ce spectacle, l'attendrissement est à son comble, la multitude des païens n'y tient plus : « Honneur aux femmes des chrétiens! malheur à qui leur fera du mal! » s'écrient-ils d'une seule voix.

Effrayé par ces cris, ému peut-être lui-même, le grand mandarin, par trois roulements de tambour, impose silence à la foule. « Nous ne voulions pas, dit-il, souiller nos mains dans le sang des femmes et des enfants. Je ne leur demandais qu'un semblant d'apostasie; mais, puisqu'elles ne veulent pas et tiennent tant à leur doctrine, qu'elles aillent en paix. Quiconque les maltraitera sera sévèrement puni. Telle est la volonté du grand mandarin, qu'elle soit respectée. »

Alors, toutes les femmes et leurs enfants firent au grand mandarin les trois salutations d'usage pour le remercier ; puis elles furent chassées du village par les soldats. Il ne leur fut point permis de rentrer chez elles ; elles durent se disperser pour aller à la recherche de leurs parents qui, la plupart, s'étaient réfugiés à Mytho, sous la protection du drapeau français. Ne pouvant y gagner leur vie, ces généreux chrétiens errèrent de village en village; il en périt même un grand nombre. Quelques-uns se fixèrent sur les bords de la mer et y demeurèrent; les autres, après dix-huit mois d'exil, rentrèrent chez eux, espérant habiter en paix, sous la protection de la France, la terre qu'ils tenaient de leurs pères. Ils n'étaient plus que cinq cents, tous réduits à la plus grande misère. A leur retour dans leur village, ils ne trouvèrent que des ruines : l'église n'était qu'un monceau de décombres : leurs maisons pillées, dévastées par les soldats, avaient, il est vrai, échappé au feu, mais elles n'étaient plus habitables; les bambous, leur unique bois de construction, avaient été coupés par les païens et commençaient seulement à repousser. Pourtant, ils remercièrent Dieu de les avoir ramenés au lieu de leur naissance, près des tombeaux de leurs pères. Car, en ce pays de tradition, rien ne rattache davantage le peuple à sa patrie comme le souvenir de ses morts, et rien n'est plus pénible à l'exilé que la pensée de vivre loin du cimetière où dorment ses ancêtres.

I V

Corpora sanctorum in pace sepulta sunt et nomina eorum vivent in generationem et generationem.
(Eccl., XLIV.)

Après la scène dont je viens de rappeler les détails émouvants, les corps des martyrs demeurèrent sur la place qui avait été le théâtre de leur glorieux combat. La nuit venue, on les enterra par ordre des mandarins, dans un champ voisin du marché, le long de la route mandarinale. Ils y demeurèrent plus de dix ans.

On comprendrait difficilement cet abandon, surtout dans un pays où le respect pour les morts est traditionnel. Il s'explique cependant. Longtemps errants, ce ne fut qu'après bien des mois que les chrétiens de Ba-Giong purent retourner dans leur pays ; ils mirent plusieurs années à se relever de l'état de misère où ils se trouvaient à la suite de cette cruelle persécution. Puis il est inouï en Annam de troubler le repos de ceux qui dorment du sommeil de la mort : exhumer un corps, c'est le profaner en quelque sorte.

Chargé de l'administration de la chrétienté de Ba-Giong,

aussitôt que je connus les détails du drame que je viens de
raconter, je résolus de rendre aux dépouilles mortelles des
confesseurs de la foi les hommages qui leur étaient dus.
Avec l'autorisation de mon vénéré vicaire apostolique,
Mgr Miche, évêque de Dansara, je commençai les recherches
nécessaires pour découvrir bien exactement le lieu où repo-
saient les corps. Les païens du voisinage, amis des chrétiens,
se prêtèrent volontiers à ce que je demandai d'eux et me
fournirent les indications désirables. Un grand nombre d'entre
eux avaient été témoins de tous les faits rapportés plus haut ;
plusieurs de ceux qui avaient enterré les corps des martyrs
vivaient encore, ils purent nous indiquer exactement la
place que chacun occupait dans les fosses où ils les avaient
déposés l'un à côté de l'autre.

Bien que rien ne distinguât le lieu où ils les avaient enterrés,
de la route ou du champ voisin, leurs indications, cependant,
furent si précises, qu'on découvrit les corps à la profondeur
et de la manière qu'ils nous avaient dites. Ici, ils étaient au
nombre de sept, cinq dans un autre endroit, sept sur le
bord de la route ; celui qui avait été massacré à Kien-an et
le crâne du vieillard tué près de Ba-Giong, furent retrouvés
dans les endroits où ils avaient été mis à mort : en tout
vingt et un. Qu'étaient devenus les six autres corps ? On cher-
cha, on fouilla partout, mais rien. Enfin un bon païen me
donna l'explication suivante :

Les chefs du village avaient laissé à un homme indolent
le soin d'enterrer les six cadavres qui manquaient. Cet
homme, pour avoir plus tôt fait, se contenta de les recou-
vrir d'un peu de sable. Pendant la nuit, les chiens du village

COCHINCHINE. — Inhumation des restes des martyrs de Ba-Giong.

ne manquèrent pas de les venir déterrer et de s'en repaître. On les entendit se disputer cette proie humaine et, le lendemain, la place du marché était parsemée de débris de chairs à moitié dévorées et d'ossements rongés. Les pourceaux avaient achevé cette horrible besogne. Longtemps encore, paraît-il, on trouva de ces débris épars çà et là; enfin ils disparurent tout à fait. Toute recherche devenait donc inutile. Dieu, en permettant que les corps des témoins du Christ demeurent privés sur la terre des honneurs qui leur sont dus, leur réserve sans doute une plus grande gloire au jour de la résurrection.

Chaque famille recueillit pieusement les précieux restes de ceux de ses membres qui avaient eu le bonheur de mourir pour la foi. On ne retrouva plus que des ossements enveloppés d'une terre noirâtre qui tranchait sur le sable jaune du sol; mais tous étaient en parfait état de conservation. On les déposa dans de petites bières et on fixa un jour pour leur rendre solennellement les derniers devoirs.

Le 18 juin 1872, toute la chrétienté de Ba-Giong était sur pied, l'église du village était ornée comme aux jours des grandes fêtes; malheureusement elle fut trop étroite pour contenir les chrétiens accourus de toutes parts à la cérémonie. On y porta processionnellement les corps des confesseurs de la foi. En tête du cortège s'avançait la croix suivie de trois missionnaires, puis venaient les cercueils; chacune des bières était soutenue par quatre hommes ; un enfant marchait devant, tenant une croix de bois sur laquelle on lisait le nom du défunt, la date et la cause de sa mort; la famille venait derrière en habits de deuil. On portait également les inscriptions de ceux dont les corps avaient disparu et leurs familles leur faisaient cortège. Sur le parcours, une multitude de païens se tenait respectueusement et témoignait par son attitude de son admiration pour ces hommes qui avaient préféré la mort à l'apostasie.

A l'église, on célébra un service funèbre avec toute la solennité possible, puis la procession prit le chemin du cimetière dans l'ordre indiqué plus haut. Aujourd'hui les martyrs de Ba-Giong reposent au milieu de ce village qu'ils ont illustré par leur mort glorieuse, en attendant le jour où leurs restes mutilés sortiront de la tombe pour être réunis à leur âme bienheureuse.

LYON. — IMPRIMERIE PITRAT AINÉ, 4, RUE GENTIL

www.ingramcontent.com/pod-product-compliance
Lightning Source LLC
Chambersburg PA
CBHW061318050726
47594CB00004B/1777